Vous allez bientôt enseigner
étrangère ? Vous avez peu
demandez ce que vous devre
vous allez être mangé et comment vous pourriez vous
former ? Alors ce livre est fait pour vous !

Si vous avez déjà enseigné la phase A1 du CECRL, vous
devriez avoir une bonne vision d'ensemble des points de
grammaire que vos apprenants sont censés maitriser en
arrivant au niveau A2. C'est un grand avantage !
Connaitre le contenu de la phase précédente se révèlera
crucial dans votre enseignement. D'une part pour savoir
ce que vos apprenants maitrisent déjà, ce qui facilitera
vos explications et d'autre part pour être prêt, si
nécessaire, à leur expliquer à nouveau certaines règles.
Si vous ne connaissez pas la phase A1, je vous invite à
lire le « *Petit manuel de grammaire destiné au professeur
de FLE qui commence, niveau A1* ».

En effet, tout ce qu'ils auront appris au niveau A1 sera
approfondi au niveau A2 et leur servira de base ! Vous
verrez par exemple que la majorité des temps sont reliés
entre eux grâce au présent. Donc si vos apprenants ne
maitrisent pas le présent, un petit rappel pourra s'avérer
utile…
Ainsi, ce petit livre (non exhaustif) vous résume pour le
niveau A2 les thèmes de grammaire les plus typiques et/
ou problématiques que vous aborderez probablement
dans vos cours. J'ai volontairement ajouté quelques
points de grammaire qui dépassent le cadre de notre
niveau car certaines règles sont abordées au niveau A2

1

mais sont approfondies au niveau B1. Je pense qu'il peut être intéressant de connaitre ces règles « entièrement » afin de pouvoir les approfondir si besoin et aussi pour ne pas choisir de contre-exemples...

Si vous utilisez un manuel dans vos classes, vous remarquerez que chaque livre est différent et aborde des thèmes qui peuvent donc varier. Ce livre vous permettra d'en répertorier une large partie et vous donnera je l'espère, une bonne vision d'ensemble avant de commencer.

Bien sûr il ne remplacera pas la préparation de vos cours ni la mise en contexte des règles énoncées. De plus, l'ordre d'apparition des points de grammaire est seulement donné à titre indicatif, vous êtes libre de l'adapter à votre programme et à vos apprenants. Cependant il est toujours bon de respecter une progression logique par exemple, en enseignant le présent avant le passé composé.

Pour terminer, n'oubliez pas d'essayer de vous mettre à la place de vos apprenants. Ils ont eux-mêmes leur propre conception des choses ! Lors de leur apprentissage, ils se référeront principalement à leur langue maternelle et/ou aux langues secondaires qu'ils ont apprises. Renseignez-vous si vous parlez un peu la langue de vos apprenants afin de comparer les points de grammaire dans les deux langues et d'adapter au mieux vos explications.

Je vous souhaite beaucoup de plaisir !

Sommaire

Voici quelques pistes non exhaustives pour les autres niveaux :

Les temps du A1 :
- Le présent des verbes en -er et quelques verbes irréguliers
- Le passé composé
- L'impératif
- Le futur proche…

Les temps et modes du B1 :
- Rappel imparfait/passé composé
- Le subjonctif présent
- Le subjonctif passé
- Le passif
- Le plus que parfait
- (Le passé simple)…

Les temps et les modes du B2 :
- L'emploi de l'indicatif/subjonctif/infinitif
- Le passé simple…

Qu'est-ce que le niveau A2 et le CECRL ?

Il s'agit du *Cadre Européen Commun de Références pour les langues*. Il est depuis 2001, une référence dans le domaine de l'apprentissage et de l'enseignement du français. Il a permis de repenser les méthodes d'enseignement des langues et de fournir une base commune pour concevoir des programmes, diplômes et certificats. Il définit la maitrise de la langue selon différents critères et compétences. Il se compose de 3 niveaux généraux A, B, C et de 6 niveaux communs A1, A2, B1, C1, C2.

A utilisateur élémentaire :
- A1 (découverte)
- A2 (intermédiaire)

B utilisateur indépendant :
- B1 (niveau seuil)
- B2 (avancé)

C utilisateur expérimenté :
- C1 (autonome)
- C2 (maîtrise)

Descriptif du niveau A2 :

« Peut comprendre des phrases isolées et des expressions fréquemment utilisées en relation avec des domaines immédiats de priorité (par exemple, informations personnelles et familiales simples, achats, environnement proche, travail). Peut communiquer lors de tâches simples et habituelles ne demandant qu'un échange d'informations simple et direct sur des sujets familiers et habituels. Peut décrire avec des moyens simples sa formation, son environnement immédiat et évoquer des sujets qui correspondent à des besoins immédiats. » (tiré du site *http://www.france-langue.fr/ pedagogie-du-francais/niveaux-de-français.html*)

Vous pouvez trouver de plus amples informations sur les sites :

- *http://eduscol.education.fr/cid45678/cadre-europeen-commun-de-reference-cecrl.html*

- *http://www.coe.int/t/dg4/linguistic/Source/ Framework_fr.pdf*

- *http://www.delfdalf.fr/niveau-a2-du-cecr-cadre-europeen-commun-de-reference-pour-les-langues.html*

Il existe aussi (entre autres) les diplômes officiels du DELF (diplôme d'études en langue française) et du DALF (diplôme approfondi de langue française), délivrés par le ministère de l'éducation nationale qui certifient les compétences en français par niveau des apprenants. Des livres et des cours de français spécifiques permettent de se préparer à l'examen, ce dernier est généralement organisé par l'Institut Français du pays dans lequel vous enseignez.

Ces diplômes permettent aux apprenants d'étudier, de travailler, d'immigrer dans un pays francophone, mais aussi de prouver officiellement leur niveau de français à leurs futurs employeurs.

Vous trouverez plus d'informations sur le site *http://www.ciep.fr/delf-dalf*

Quelques règles d'or avant de commencer

1) Soyez rigoureux dans votre préparation. Prenez le temps par exemple de sélectionner des activités qui vous plaisent, d'imaginer le déroulement de votre cours. Cela vous donnera aussi une vision plus globale. Bien sûr vous pouvez aussi changer de programme durant votre cours !

2) Vous avez choisi un texte ? Pour bien le préparer, Lisez-le **en entier.** Cherchez en avance le vocabulaire ou les phrases difficiles. Cela vous mettra à l'aise pour répondre aux questions et cela fera plaisir à vos apprenants de voir que leur professeur s'est bien préparé.

3) Vous allez parler d'un thème spécifique ? Renseignez-vous sur la situation actuelle et dans celle du pays où vous enseignez. Cela vous permettra de diriger un peu vos questions et de réfléchir au sujet en avance.

4) Pour que votre cours intéresse, il faut qu'il soit vivant et que vos apprenants participent. Pour ce faire, pensez à alterner les activités ludiques, la grammaire, les textes... Votre groupe/votre participant est fatigué? Motivez-le avec un petit jeu, ou adaptez le reste de votre programme.

5) Soyez modeste et patient, un point de langue dont l'explication vous paraitrait logique ne l'est pas forcément pour vos apprenants !

6) Renseignez-vous sur la langue de vos apprenants, elle vous permettra par exemple de trouver les bons exemples/contre-exemples et de faire des comparaisons plus facilement.

7) Mettez-vous à la place de vos apprenants, le cours vous plairait-il ? Avez-vous le sentiment qu'ils s'y sentent bien ?

8) Votre participant est bloqué sur une difficulté et le reste du groupe s'impatiente ? N'insistez pas devant les autres. Vous reviendrez plus tard sur le point qui lui pose problème. Formulez à nouveau les choses différemment, choisissez d'autres exemples, d'autres contextes.

9) Soyez à l'heure voire même en avance. Si vous êtes déjà sur place vous pourrez vous détendre, feuilleter votre livre, relire une note... bref vous mettre déjà un peu dans l'ambiance.

10) Diffusez votre bonne humeur et vous en recevrez le double ! Soyez souriant et surtout restez vous-même. Il n' y a rien de plus agréable et entrainant qu'un professeur qui se sent bien, qui reste naturel et qui s'intéresse à ses apprenants. Vous ferez probablement de belles rencontres, profitez, ce n'est que le début :-)

Votre premier cours

Si vos apprenants ne se connaissent pas, vous pouvez organiser des petits jeux dits « brise-glace ». Ils permettront de mettre tout le monde en confiance, d'apprendre à se connaitre, ce qui est très important pour créer une bonne dynamique de groupe dès le départ. Voici quelques propositions de jeux que j'apprécie personnellement :

- Par petits groupes de 3, vos participants se posent quelques questions simples pour apprendre à se connaitre. Après quelques minutes chaque groupe devra présenter en quelques phrases un participant de son propre groupe au reste de la classe sans nommer cette personne. Les autres groupes devront deviner de qui il pourrait s'agir.

- Demandez à vos participants qu'ils se rangent en rang alphabétique le plus rapidement possible. Ils doivent donc aller à la rencontre des autres pour demander leur prénom en français. Vous pouvez aussi leur demander de se ranger par ordre d'âge !

- Vous pouvez écrire au tableau une liste de quelques mots qui ont pour vous une signification (par exemple, inscrivez le numéro de votre appartement, le nom de votre frère, l'âge de votre chien...). Les apprenants doivent deviner le lien entre ces mots et vous, soit en posant des questions soit en émettant des hypothèses.

1) Les pronoms relatifs qui, que, où

qui est là ?

Pour commencer, voici un des thèmes incontournable du niveau A2. Ces pronoms servent à remplacer un nom ou un groupe nominal afin d'éviter les répétitions. Comme indiqué dans l'introduction, il est temps d'approfondir ce qu'ils connaissent déjà !

- Le pronom *qui* remplace le sujet de la phrase relative. Il peut donc s'agir d'une personne ou d'un objet inanimé. Lors de vos explications, il peut être nécessaire de rappeler qu'un objet inanimé, c'est à dire « un objet », n'a aucun rapport avec le mot « complément d'objet direct ». Notons aussi que généralement le verbe se place après le pronom *qui*. Comme dans l'exemple :
L'auteur qui a écrit ce livre, s'appelle Marc

- Le pronom *que* remplace un complément d'objet direct dans la phrase relative. Il est donc généralement suivi du sujet, puis du verbe. Par exemple :
Marc est une personne que j'apprécie

- Le pronom *où* remplace un complément de lieu ou de temps : *Le jour où je t'ai rencontré, la ville où je suis né...*

N'oubliez pas de préciser que seulement le pronom *que* peut s'élider, (c'est à dire supprimer sa voyelle finale devant un mot commençant lui-même par une voyelle) mais jamais le pronom *qui.*

En ce qui concerne le pronom relatif *dont,* on l'introduit en général au niveau B1. Voici quelques explications si vous voulez en savoir plus :

Le pronom relatif **dont** remplace un complément introduit par la préposition **de** :

- Il peut s'agir du complément de l'adjectif :
Je suis fier de toi = tu es la personne dont je suis fier

- Du complément du verbe :
Je rêve d'une voiture bleue = la voiture dont je rêve est bleue

- Du complément du nom :
J'ai oublié le nom de cette chanteuse = la chanteuse dont j'ai oublié le nom

2) Les prépositions en et dans

en Normandie, dans les Pyrénées

Dans ce chapitre nous parlons des prépositions de lieu utilisées devant des noms de régions ou de régions montagneuses. Les autres prépositions de lieu (*je vais au cinéma, j'habite en France...*) ont été habituellement déjà abordées au niveau A1.

- Les régions qui se terminent par la lettre -e sont en général féminines. Elles sont alors introduites par la préposition *en*. Par exemple :
J'habite en Auvergne...

- Les autres régions seront introduites par la préposition *dans*. Par exemple :
J'habite dans le Périgord...

- Les régions montagneuses, seront elles aussi introduites par la préposition *dans*. Comme dans l'exemple :
J'habite dans les Pyrénées, dans le Jura...

3) Les objets directs le, la, les

je les aime !

Ici aussi, il est question d'éviter les répétitions ! Vos apprenants ont appris les articles définis *(le, la, les)* au niveau A1. Il est maintenant temps de remplacer le complément qu'ils introduisent en les réduisant au strict minimum, c'est à dire... à l'article défini qui les introduit ! Pratique non ? Ce petit complément d'objet direct répond à la question *qui* ou *quoi,* et n'est jamais introduit par une préposition.

- *Le* remplace un complément d'objet masculin, *la* remplace un complément d'objet féminin et *les* un complément d'objet pluriel féminin ou masculin.

- Au présent il se place avant le verbe <u>conjugué</u> :
Je mange la pomme = je la mange
Je ne mange pas la pomme = je ne la mange pas

- Au futur proche, il change de place et se positionne avant le verbe <u>infinitif</u> :
Je vais manger la pomme = je vais la manger / je ne vais pas la manger
- Seul l'objet direct *les* ne peut pas s'élider devant une voyelle ou la lettre -h.

N'oubliez pas que chaque langue est différente. Si certains verbes en français sont suivis d'un complément d'objet direct, ce n'est pas toujours le cas dans toutes les autres langues.

Par exemple le verbe *aider* en français est suivi d'un complément d'objet direct, on écrit « *je l'aide* ». En allemand, par contre, ce verbe est toujours suivi d'un complément d'objet indirect qui se traduirait par « *je lui aide* ». Renseignez-vous dans la langue de vos apprenants afin d'adapter au mieux vos explications en tenant compte de ces différences éventuelles.

Ce qui vous paraitrait évident ne l'est pas automatiquement pour vos apprenants !

Voici la liste des pronoms d'objet directs :

me
te
le/la/les
nous
vous
les (masculin/féminin pluriel)

4) Les pronoms indirects lui, leur

je lui ai tout dit !

Comment savoir si le verbe est suivi par un objet direct ou indirect ? Facile ! L'objet indirect répond à la question « **à** *qui* ». La préposition *à*, est donc déterminante pour savoir quel type de pronom je dois utiliser. Notons aussi que le pronom indirect remplace une personne, pas une chose.

Comme l'utilisation des pronoms directs/indirects peut différer des autres langues, je vous recommande de donner à vos apprenants une petite liste de quelques verbes en français qui sont suivis de la préposition à. En voici quelques uns :

parler à, demander à, téléphoner à, écrire à, sourire à, répondre à…

Voici un contre exemple auquel on ne pense pas toujours… Par exemple, le verbe *penser à* : *Je pense à mon ami* = *je pense à lui*

En effet, les verbes qui peuvent être suivi à la fois par une personne ou par un objet, gardent leur préposition et sont suivis par un pronom tonique.

Par exemple les verbes doubles comme *penser à, se fier à, s'intéresser à …*

Je pense aux vacances = *J'y pense* (« *les vacances* » ne sont pas des personnes)

16

*Je pense <u>à mes amis</u> = je pense **à eux.***

<u>Voici la liste des pronoms indirects</u> :

me
te
lui (masculin/féminin singulier)
nous
vous
leur (masculin/féminin pluriel)

Dans la phrase ils se placent comme l'objet direct (voir chapitre 3) :

- Avant le verbe conjugué : *Je lui téléphone*

- Avant un verbe à l'infinitif : *Je vais lui téléphoner*

5) La place des objets directs et indirects dans la phrase

je le lui dis ?

Un vrai petit casse-tête à expliquer si on ne connait pas toutes les règles en avance… Au départ cela semble un peu compliqué à mémoriser, mais cette partie sera approfondie au niveau B1.

Rappelons tout d'abord que le pronom direct et le pronom indirect se placent tous les deux avant le verbe conjugué ou avant un verbe à l'infinitif. Alors quel est l'ordre à respecter ? Pour mieux comprendre voici un petit schéma :

Sujet	+	me te se nousles	+	le la	+	verbe

Sujet	+	le la les	+	lui leur	+	verbe

Comme vous pouvez le remarquer, la place des pronoms avec lui/leur est inversée ! Par exemple :
- *Je te donne la lettre = je te la donne*
- *Je lui donne la lettre = je la lui donne*

Pour ajouter un peu de piment (et pour approfondir), voici le même schéma en rajoutant la place du pronom *y* et du pronom *en*. Cette partie dépasse le niveau A2, elle vous permet d'être au point face à d'éventuelles questions qui sortent du programme :

		me				
		te				
Sujet	+	se	+	y/en	+	verbe
		nous				
		vous				
		se				
		le				
		la				
		les				

| Sujet | + | lui | + | en | + | verbe |
| | | leur | | | | |

Par exemple :
Il les y emmène / Nous vous en achèterons

6) La place de l'adjectif

une belle robe noire

« *L'adjectif se place avant ou après le nom ?* »
C'est une question culte à laquelle il n'est d'ailleurs pas toujours facile de répondre. Car même s'il y a des règles, il peut aussi changer de place selon le type d'adjectif et le sens de la phrase.

Voici les pistes de réponses proposées déjà au niveau A1:

- Les adjectifs de couleur, de nationalité et de goût se placent après le nom :
Un pantalon rouge, un correspondant français, une crêpe sucrée.

- Les adjectifs de temps se placent également après le nom :
L'année prochaine, la semaine prochaine, l'année dernière.

- Les adjectifs numéraux ou ordinaux se placent avant :
C'est le dernier/prochain bus, c'est le deuxième étage.

- La plupart des adjectifs épithètes se placent après le nom sauf pour :
Petit, grand, beau, bon, vieux, jeune, gentil, nouveau...
Un petit oiseau, une bonne idée...

Pour approfondir il y a aussi des adjectifs qui changent le sens de la phrase selon s'ils sont placés devant ou derrière le nom :

- Il y avait une seule dame (seulement une) / il y avait une dame seule (qui vit seule).

- C'est un homme unique (exceptionnel) / c'est l'unique homme de la salle (le seul homme).

- C'est une chemise propre (qui n'est pas sale) / c'est ma propre chemise (c'est la mienne).

Il y a aussi des adjectifs dont la place ne change pas le sens mais qui met en valeur le nom :

- Une voiture splendide / une splendide voiture

- Une réponse excellente / une excellente réponse

Si vous ou vos apprenants souhaitez connaitre le reste des règles, je vous recommande de vous référer à des listes plus détaillées dans les livres de grammaire.

7) La formation de l'adverbe

évidemment !

Contrairement à l'adjectif qui qualifie un nom, l'adverbe lui, qualifie un verbe et reste invariable (pratique non ?). Comme dans l'exemple :

Il parle vite (adverbe) = comment il parle
Le train est rapide (adjectif)

- Pour former un adverbe on ajoute la terminaison -ment au féminin de l'adjectif, par exemple :
Courageux = courageusement

Mais vous le savez, la langue française est riche de règles et d'exceptions... ainsi :

- Si l'adjectif se termine par une voyelle, alors on garde la forme de l'adjectif au masculin, par exemple : *poli = poliment, vrai = vraiment...*

- Les adjectifs qui se finissent en -ent ou -ant prennent la terminaison -emment ou -amment (ils se prononcent de la même façon). Par exemple :
Récent = récemment, courant = couramment...

- Cas particuliers :
lent = lentement, profond = profondément, bref = brièvement, gai = gaiement, gentil = gentiment, précis = précisément, bon = bien, mauvais = mal...

L'adverbe est généralement placé directement après le verbe auquel il se rapporte : *la voiture roule rapidement*

Notons pour terminer une erreur que l'on retrouve assez souvent chez nos apprenants :
L'adverbe *très* qui modifie le sens d'un adjectif ou d'un adverbe, ne peut pas qualifier l'adverbe *beaucoup* (qui qualifie seulement un verbe) d'où :
il dort beaucoup = il dort ~~très~~ beaucoup

8) La différence entre bon et bien

quelle bonne surprise !

Connaissez-vous la différence d'emploi entre bon (adjectif) et bien (adverbe) ? Comme c'est une question qui m'a souvent été posée, je vous donne quelques pistes pour y répondre :

- *Bon* est souvent utilisé en relation avec un sens gustatif ou subjectif :
Le chocolat j'adore ça, c'est bon !
Il y a du soleil, il fait bon aujourd'hui !

- *Bien* est quant à lui plutôt utilisé dans le reste des cas :
Le gâteau est bien réussi (visuellement) et en plus il est bon (sens gustatif) !

Ils peuvent être aussi utilisés dans des cas spécifiques :
- Pour exprimer son accord : *oui c'est bon !*
- Pour exprimer la surprise : *ah bon tu es sûr ?*
- Pour confirmer : *oui, tu as raison, c'est bien ça*

9) Les négations (ne rien, ne jamais, ne plus, ne que...)

rien ne va plus !

Vos apprenants auront déjà rencontré la négation de base « ne...pas » lors de leur apprentissage du niveau A1. Les autres négations se forment sur le même modèle, c'est à dire en encadrant elles aussi le verbe conjugué, mais la particule « pas » sera remplacée par une autre :

- Ne... rien / rien ne = je n'entends rien / rien ne m'intéresse

- Ne... jamais / jamais... ne = je n'ai jamais été en Russie / jamais je ne lirai ce livre

- Ne... plus = je n'ai plus de pain (attention à la prononciation de plus !)

- Ne... personne / personne ne = je ne connais personne / personne ne me connait (attention au changement de sens)

- Ne... que = fonctionne comme une négation mais est considéré comme une restriction, un synonyme serait « seulement ».

- Ne… aucun/e : je ne connais aucun Français

- Ne… ni… ni : je n'ai ni internet ni téléphone

Il est très important de souligner que la particule « pas » est remplacée par une autre, c'est pourquoi il n'est pas possible de dire : *je n'ai ~~pas~~ jamais été à Paris.* Notons aussi pour terminer que les Français <u>à l'oral</u> laissent souvent de côté la particule « ne ». Peut-être que vos participants l'auront déjà remarqué lors de vos explications :-)

Si vous souhaitez approfondir, il existe encore la négation à trois éléments qui sera abordée au niveau B1, par exemple :
Ne … pas encore = je n'ai pas encore mangé

10) La prononciation de plus et plus

tu en veux plus ?

Il s'agit ici d'une question très récurrente et ce, quelque soit le niveau ! « Quand est-ce qu'on prononce le -s au mot *plus* ? ». Si l'on n'est pas préparé, cela risque d'être délicat à expliquer... Voyons un peu les règles.

Pour commencer, une chose est sûre, lorsque l'on utilise la négation *ne...plus*, le -s à *plus* est muet.
Par exemple : *je ne veux plus de pain.*
Comme les Français utilisent rarement la particule « ne » à l'oral, la phrase écrite peut alors avoir deux sens selon la prononciation du -s ou non :

- Je veux plus (-s muet) de pain = pas de pain !
- Je veux plus (-s prononcé) de pain = j'aimerais en avoir d'autre

Pour résumer, lorsque l'on en veut plus (+) le -s se prononce, quant à la négation, le -s ne se prononce pas.

En ce qui concerne les autres cas, par exemple le pronom « tous » :

- Quand *tous* est suivi d'un nom, la lettre -s est muette : *tous les gens sont partis*

- Quand il n'est pas suivi d'un nom, la lettre -s est prononcée : *ils sont tous là !*

11) La question inversée

qu'y-a-t-il ?

La question avec une inversion du sujet est souvent utilisée dans un langage soutenu. Comme son nom l'indique en partie, on intervertit la place du sujet et du verbe, que l'on relie par un tiret. Par exemple :
As-tu une feuille pour moi ? Quand as-tu fini ?

Si le verbe se termine par un -e muet ou un -a et qu'il est suivi du pronom *il, elle* ou *on* alors on rajoute un -t euphonique afin d'afin d'adoucir la liaison et on relie le tout par des tirets. Par exemple :
Quand arrive-t-elle ? Où habite-t-il ?

Notons aussi qu'il existe des formes irrégulières telles que :
Que puis-je faire pour vous ?

Une question qui est souvent posée... Pourquoi la lettre -t ? Il semble que ce soit une analogie aux formes verbales, dont la consonne -t est la terminaison propre à la troisième personne du pluriel. Pour terminer, n'oubliez pas de préciser que la question inversée ne fonctionne pas avec *est-ce que*.

12) Le pronom interrogatif lequel

lequel est-ce que tu préfères ?

Ce petit pronom interrogatif va permettre à vos apprenants d'éviter les répétitions. En général ils auront déjà vu les questions avec le pronom « quel » lors de leur apprentissage du niveau A1.

Les pronoms *lequel, laquelle, lesquels, lesquelles* remplacent simplement un groupe nominal formé avec l'adjectif « quel ». Par exemple :

- *Quel pull tu veux ? Lequel tu veux ?* (masculin singulier)

- *Quelle jupe tu préfères ? Laquelle tu préfères ?* (féminin singulier)

- *Quels livres / quelles fleurs est-ce que tu voudrais ? Lesquels/lesquelles est-ce que tu voudrais?* (masculin/féminin pluriel)

13) Les démonstratifs celui, celle...

celui-ci ou celle-là ?

Ce pronom démonstratif fonctionne sur le même principe que le pronom interrogatif *lequel.* Il sert à éviter les répétitions.

Il se compose de l'adjectif démonstratif que vos apprenants auront probablement déjà vu lors de leur apprentissage du niveau A1 : *ce, cet, cette* ou *ces* et du nom qui l'accompagne. Ainsi :

Ce livre = celui (-là/ci)
Cette robe = celle (-là/ci)
Ces cahiers = ceux (-là/ci) (masculin pluriel)
Ces photos = celles (-là/ci) (féminin pluriel)

Celui de, celle de... peuvent exprimer l'appartenance :
À qui est le livre ? C'est celui de Mélanie

14) Le pronom y

on y va ?

Ce petit pronom est vraiment pratique pour remplacer un complément de lieu ou le complément du verbe introduit par la préposition *à*. Notons qu'il ne peut pas remplacer une personne... Cela fonctionne avec toutes les prépositions de lieu comme *chez, dans, sur, à...* sauf avec la préposition **de** (voir chapitre 15) .

Par exemple :
Je suis <u>dans le jardin</u> = j'y suis
Je vais <u>à Paris</u> = j'y vais
Je m'intéresse <u>à la littérature</u> = je m'y intéresse.

Le pronom y se place juste avant le verbe conjugué, sauf quand il y a un verbe à l'infinitif (ceci est aussi valable aussi pour les autres pronoms) : *j'y mange / je vais y manger.*

À la négation, tout ce qui est avant le verbe reste inclus dans la négation : *je n'y suis pas, je ne vais pas y manger, je ne m'y intéresse pas...*

Alors, vous y êtes ? :-)

15) Le pronom en

j'en veux encore !

Après le pronom *y*, voyons un peu son « rival ».
Ce pronom a lui aussi plus d'un tour dans son sac. Il remplace effectivement à lui tout seul de nombreuses choses…

- Les lieux introduits par la préposition *de* :
Je reviens de Paris = j'en reviens

- Les compléments des verbes introduits par la préposition *de* :
Je fais de la natation = j'en fais

- Les quantités indéfinies :
Je mange des tomates = j'en mange
J'achète de la confiture = j'en achète

- Les compléments introduits par un/ une/ des :
*Tu as une soeur ? Oui j'**en** ai **une***
*Tu as une voiture ? Non j'**en** ai **deux***
*Tu achètes 3 kilos de tomates ? Non je préfère **en** acheter **1 kilo**.*

Dans ce cas, la quantité est reprise dans la réponse.

16) Le présent et ses verbes irréguliers

je dors...

Les verbes irréguliers ne sont pas aussi nombreux que les verbes en -er, mais ils sont malgré tout très fréquents !
Faisons d'abord un petit rappel des irrégularités des verbes en -er :

- Le verbe *appeler* par exemple, dont la consonne -l se double à toutes les personnes sauf avec les pronoms nous et vous.
- Les verbes en -g par exemple manger, nager, conservent la lettre -e lorsqu'ils sont conjugués avec le pronom *nous* pour une question de sonorité : *Nous mangeons.*
- Bien sûr le verbe aller est la grande exception de la conjugaison, mais le français ne serait plus le français sans ses exceptions n'est-ce pas ?

Continuons avec les verbes irréguliers. Les terminaisons habituelles sont :

je dor**s**   nous dorm**ons**
tu dor**s**   vous dorm**ez**
il dor**t** / il pren**d** (-d pour   ils dorm**ent**
les verbes en -dre)

- En général les forment du singulier sont plus courtes que celles du pluriel : je dors ~~je dorm~~ / nous dormons

- Presque tous les verbes ont des terminaisons (s, ts, d, ds...) muettes. Par exemple :
J'entends, il prend, tu fais, il dort...

- Il y a aussi des verbes avec deux radicaux, par exemple :
Je finis... nous finissons, vous finissez, ils finissent

- Il existe des verbes réguliers qui se conjuguent comme des verbes du premier groupe :

Ouvrir = j'ouvre, tu ouvres...
Offrir = j'offre, tu offres...
cueillir = je cueille, tu cueilles...
Souffrir = je souffre, tu souffres...

- Pour terminer, voici un petit clin d'oeil à nos lacunes parfois bien françaises. Il est possible d'écrire :
ils payent/ ils paient ainsi que j'essaye/j'essaie, mais pas ils ~~croyent~~ (ils croient), ils ~~voyent~~ (ils voient)

17) Les verbes pouvoir, savoir, vouloir...

je peux ?

Ces verbes sont incontournables dans l'apprentissage de vos apprenants. Comme chaque langue est différente, certains verbes peuvent avoir une traduction ou une nuance qui ne se retrouvent pas dans la langue française ou dans celle de vos apprenants. Pour faciliter vos explications, voici quelques pistes :

Le verbe *pouvoir* exprime la possibilité ou la capacité physique (en allemand par exemple il y a deux verbes distincts). Par exemple :
Je peux peut-être venir demain soir / je ne peux pas nager aussi longtemps que toi

Le verbe *savoir* renvoie à quelque chose que l'on a appris. Par exemple :
Je sais nager depuis quelques années

Le verbe *devoir* exprime l'obligation. Là encore en allemand par exemple, il y a deux verbes qui distinguent l'obligation extérieur et la nécessité. Par exemple :
Je dois faire mes devoirs / Je dois tôt partir demain matin

Le verbe *vouloir*, exprime le désir. Il est souvent connu sous la forme « je voudrais ». Par exemple :
Je veux aller au cinéma mardi soir

Si la signification de ces verbes vous semble claire, n'oubliez pas que vos apprenants ont une langue maternelle autre que le français et donc une perception des choses différentes. N'hésitez pas à vous renseigner dans leur langue maternelle afin d'adapter au mieux vos explications.

18) Le passé composé des verbes avec être

elle est montée...

Pour commencer, une bonne nouvelle ! En français, il y a seulement « quelques » verbes (environ 17) qui sont conjugués avec l'auxiliaire *être*, les autres sont conjugués avec l'auxiliaire *avoir* ! Les voici :

aller, naître, disparaitre, apparaitre, partir, arriver, passer, descendre, rester, devenir, retourner, entrer, sortir, monter, tomber, mourir, venir...

Le participe passé conjugué avec le verbe **être** s'accorde en genre et en nombre avec le sujet du verbe. Comme pour les adjectifs, au féminin on rajoute la lettre -e, au féminin pluriel -es et au masculin pluriel la lettre -s. Par exemple :

- *Elle est retournée*
- *Ils sont allés*

Il est nécessaire d'insister sur le fait que le participe passé conjugué avec le verbe *être* s'accorde avec le sujet, car dans le cas du verbe *avoir*, le participe passé s'accorde avec l'objet direct (voir chapitre 20)

19) Le passé composé des verbes pronominaux

il s'est couché

Les verbes pronominaux au présent ayant été abordés au niveau A1 ne devraient plus être un secret pour vos apprenants. Voici un petit rappel pour commencer :

Ils se conjuguent avec un pronom réfléchi de la même personne que le sujet. Les pronoms *me*, *te*, *se* peuvent s'élider devant un verbe qui commence par une voyelle ou la lettre -h.

Il existe beaucoup de verbes pronominaux différents (passif, réfléchi, réciproque…). Au niveau A1 ou A2 du CECRL il n'est pas nécessaire d'approfondir ces catégories, malgré tout, si vos apprenants veulent les connaitre, je vous recommande de les diriger vers des livres de grammaire.

Tous les verbes pronominaux en français ne le sont pas obligatoirement dans les autres langues. C'est pourquoi il est intéressant de les comparer avec ceux de la langue maternelle de l'apprenant. Par exemple dans la langue allemande, les verbes se lever, se doucher… ne sont pas pronominaux.

Au **passé composé**, tous les verbes pronominaux sont conjugués avec l'auxiliaire **être**… sans exception !

L'avantage est donc qu'il y a une règle très claire, l'inconvénient est qu'ils ne devront pas oublier d'accorder le participe passé en genre et en nombre avec le sujet du verbe…

Ainsi :

- *Elles se sont levées*
- *Ils se sont promenés*

La règle est cependant un petit plus complexe lorsque le participe passé par exemple est suivi d'un objet direct. Dans ce cas, le participe passé ne s'accorde plus avec le sujet :
- *Elle s'est lavée / Elle s'est lavé les mains.*

Il est important de le savoir pour que vos exemples ne deviennent pas des « contre-exemples ». Mais rassurez-vous, ce point de grammaire n'est généralement abordé qu'au niveau B1 !

20) L'accord du passé composé avec le COD

tu les a vus ?

Nous sommes ici au coeur de la grammaire et de ses règles si nombreuses...

Après avoir expliqué l'accord du participe passé conjugué avec l'auxiliaire *être*, voici celui du participe passé conjugué avec l'auxiliaire *avoir*. La règle en elle-même n'est pas compliquée, mais il ne faut pas oublier de l'appliquer !

- On accorde le participe passé (conjugué avec le verbe avoir) en genre et en nombre avec le complément d'objet direct (qui/quoi) **seulement** s'il est placé avant le verbe. Par exemple :

*J'ai lu les journaux = les journaux que j'ai lu**s***
*J'ai rencontré Paul et Marie = je les ai rencontré**s***

En comparaison, l'accord du participe passé conjugué avec le verbe être, se fait avec le sujet du verbe.

21) La formation de l'imparfait

le saviez-vous ?

Voici un nouveau temps ! La formation de l'imparfait est relativement simple à expliquer si l'on connait la petite astuce de conjugaison... Il suffit de prendre le radical de la 3ème personne du pluriel (nous) et d'y ajouter les terminaisons spécifiques de l'imparfait. En ce qui concerne les verbes réguliers, il suffit de prendre le radical de l'infinitif !

Prenons par exemple le verbe irrégulier *finir* au présent = *nous finissons*. Le radical sera *finiss-* auquel il faut rajouter les terminaisons de l'imparfait (qu'il faut apprendre par coeur mais qui sont les mêmes que celles du conditionnel !)

je finiss**ais**
tu finiss**ais**
il/elle/on finiss**ait**
nous finiss**ions**
vous finiss**iez**
Ils/elles finiss**aient**

Bien sûr il y a quelques exceptions et cas particuliers...
- Par exemple le verbe être = *j'étais*

- Les verbes en -g gardent la lettre -e devant un -a :
*Je mang**e**ais, nous mangions...*

- Les verbes en -cer prennent une cédille devant la lettre -a :

Je commençais, nous commencions...

Une idée pour mémoriser la conjugaison des verbes : utilisez un dé ! Chaque face du dé a un nombre de points qui correspond à un pronom (1-je, 2-tu, 3-il...). Le premier apprenant lance le dé, l'autre doit conjuguer le verbe selon le nombre de points indiqués sur le dé.

22) L'utilisation du passé composé et de l'imparfait

je lisais un livre quand...

Une fois la formation de ces deux temps abordée, place à la pratique ! Pour commencer simplement, on peut dire que le passé composé répond à la question « qu'est-ce qui s'est passé ? » et l'imparfait répond plutôt à la question « que se passait-il quand l'évènement s'est produit ? »

Venons-en aux détails :

- L'imparfait est généralement utilisé pour les descriptions, pour les sentiments (généralement), pour les habitudes et les répétitions. On dit qu'il est inachevé dans le temps ce qui explique peut-être le fait qu'il ne soit « pas parfait » c'est à dire « imparfait » dans le temps. Par exemple :
Hier, il faisait beau (on ne sait pas de quand à quand)

- Le passé composé est quand à lui, utilisé pour des actions spontanées, des évènements achevés et précis dans le temps. Par exemple :
De 1997 à 2001 j'ai habité à San Francisco

Voici quelques exemple pour comparer :

- *Je regardais la télévision lorsque mon téléphone a sonné.*

- *En 2008 j'ai déménagé à Paris, j'étais ravie !*

- *Tous les matins j'allais au travail à pied, quand un jour j'ai décidé de prendre le vélo.*

Pour finir on peut aussi utiliser une version imagée de l'emploi de ces temps en les comparant à une scène de théâtre ! L'imparfait y serait le décor, tandis que le passé composé serait l'action sur la scène.

23) Le comparatif de l'adjectif et de l'adverbe

meilleur que...

S'il parait assez simple au premier abord, il ne faut pas oublier d'accorder l'adjectif avec le nom auquel il se rapporte. L'adverbe lui, reste invariable. Notons aussi que devant une voyelle, *que* s'élide. Le comparatif se forme de la sorte :

- plus/ moins / aussi + adjectif/adverbe + **que/qu'**

Par exemple :
Le film est plus intéressant que le livre
Les trains roulent plus vite qu'autrefois

- plus/ moins/ autant + **de** + nom + **que/qu'**

Par exemple :
Il a autant d'amis qu'autrefois
Elle fait plus de sport qu'avant

- Parfois il n'y a pas besoin de nom, et il arrive que la deuxième partie de la comparaison ne soit pas présente :
Je travaille autant que Paul/ Paul voyage moins parce qu'il travaille plus (que Jean)

Voici quelques adjectifs/ adverbes irréguliers :

- L'adjectif bon, bonne, bon, bonnes devient meilleur(e)/ meilleur(e)s
- L'adverbe bien devient mieux
- L'adjectif mauvais devient pire

Par exemple :
Il est meilleur en maths que moi
Il chante mieux que toi
Sa cuisine est pire que la mienne

Quelle est la différence entre *que* et *comme* ?
Comme n'est pas utilisé en lien avec plus/ moins/ aussi.
Par exemple :
Il est grand comme son frère

24) Le superlatif

tout va pour le mieux

Il s'agit ici de l'intensité la plus élevée. Le superlatif de supériorité ou d'infériorité peut se placer avant ou après le nom (en fonction de la place de l'adjectif dans la phrase sans comparaison). N'oubliez pas de préciser que l'adjectif s'accorde en genre et en nombre avec le nom auquel il se rapporte. Il se compose comme ceci :

- le/ la/ les + plus/moins + adjectif + de

Par exemple :
Paris est la plus grande ville de France
La plus grande ville de France est Paris

- le plus/ le moins + adverbe

Par exemple :
C'est Marie qui voyage le plus souvent
C'est Pierre qui court le moins vite

- le plus/ le moins + de + nom

Par exemple :
Ce chanteur a eu le plus de succès
Ce film a fait le moins d'entrées

Voici une petite liste de quelques superlatifs irréguliers :

- bon, bonne, bons, bonnes = le meilleur/la meilleure/ les meilleur(e)s

- mauvais, mauvaise = le pire/ la pire ou le plus mauvais/ la plus mauvaise

- petit, petite = le moindre/ la moindre ou le plus petit, la plus petite

- le superlatif de l'adverbe bien = le mieux

25) L'adjectif indéfini tout, tous, toute, tous

tout va bien !

Voici une petite règle grammaticale assez simple et qui va permettre à vos apprenants de continuer leur progression ! On retrouve souvent cet adjectif indéfini dans les expressions « tous les jours, toute la soirée... ». Il a l'avantage de se prononcer de la même façon : tout/ tous (quand *tous* est suivi d'un nom) et toute/toutes. Bien sûr à l'écrit il faut réfléchir un petit peu...

- *Tout* est suivi d'un nom masculin singulier : *tout le temps, tout le groupe...*
- *Toute* est suivi d'un nom féminin singulier : *toute la journée...*
Remarquons que *tout* et *toute* représente un ensemble ou une durée.

- *Tous* est suivi d'un nom masculin pluriel : *tous les ans, tous les enfants...*
- *Toutes* est suivi d'un nom au féminin pluriel : *toutes les semaines...*
Dans ce cas, ils représentent une répétition ou un groupe au pluriel.
Notons l'importance de connaitre le genre des noms pour ne pas se tromper :-)

En ce qui concerne la prononciation :

- Quand *tous* est suivi d'un nom, la lettre -s est muette : *tous les gens sont partis*
- Quand il n'est pas suivi d'un nom, la lettre -s est prononcée : *ils sont tous là !*

26) La formation du futur simple

tu verras, tu verras

Lors de la phase A1, vos apprenants auront probablement déjà vu la formation du futur proche (verbe aller conjugué + infinitif du verbe).

Le futur simple quant à lui, se compose du verbe directement conjugué à la forme du futur simple et exprime une action plus lointaine et peut-être donc un peu moins certaine. C'est pourquoi sa construction ressemble à celle d'un conditionnel : *J'irai (futur) / J'irais (conditionnel)*

Pour former le futur simple, il y a une astuce.
En ce qui concerne les verbes réguliers, on prend le radical du verbe dont on enlève la terminaison -er et on rajoute les terminaisons ressemblantes à la conjugaison du verbe avoir :

Le verbe *aimer* par exemple :
j'aimer**ai**   nous aimer**ons**
tu aimer**as**   vous aimer**ez**
il aimer**a**   ils aimer**ont**

En ce qui concerne les autres verbes irréguliers, il faut apprendre leur forme par coeur. L'avantage est que vos apprenants gagneront du temps quand ils commenceront à apprendre le conditionnel car le futur et le conditionnel, utilisent les mêmes radicaux irréguliers ! (Voir chapitre 29)

Voici quelques exemples de verbes irréguliers :

Être : je serai
Avoir : j'aurai
Aller : j'irai
Venir : je viendrai
Voir : je verrai
Faire : je ferai…

Notons que pour les infinitifs qui se terminent en -e, on supprimera le -e :

Prendre= je prendrai
Écrire = j'écrirai…

27) La place des pronoms à l'impératif

lisez le texte

Il est souvent déjà introduit au niveau A1 pour décrire le chemin, par exemple *tournez à droite, prenez la deuxième sortie à gauche...*

En français, l'impératif est un mode (pas un temps) et se construit sans le sujet. Il s'utilise à la deuxième personne du singulier (tu), ainsi qu'à la première et à la deuxième personne du pluriel (nous et vous).

- Les verbes en -er perdent leur -s à la deuxième personne du pluriel : *regarde/ va !*

- On rajoute exceptionnellement au verbe aller un -s dans l'emploi « vas-y ! »

- En ce qui concerne les autres verbes, ils gardent leur forme indicative : prends / prenez !

Sauf pour le verbe avoir = aie /ayons / ayez et le verbe être = sois / soyons / soyez

- Dans une phrase affirmative, le verbe est suivi d'un pronom qui doit être relié par un trait d'union : *Regarde-moi ! Écris-lui !*

Les formes « me » et « te » sont remplacées par « moi » et « toi ».

- À la forme négative le pronom se place avant le verbe conjugué :
Ne me regarde pas ! Ne lui écris pas !

La négation « ne... pas » encadre le groupe *pronom+ verbe*. Notons aussi que dans ce cas, les pronoms « me » et « te » ne changent pas et peuvent s'élider (tout comme « le/la ») : *Ne me le dis pas !*

28) Le gérondif

en me promenant...

Le gérondif est souvent utilisé en français pour exprimer :

- La simultanéité (seulement si le sujet est identique) : *il se douche en chantant*

- Le moyen : *en prenant la voiture, tu arriveras plus rapidement*

- La manière : *il est tombé en skiant*

- La condition (= si) : *en cherchant, on trouve.*

Il est introduit par la préposition *en*. Pour former le gérondif, il suffit de prendre le radical du verbe conjugué à la première personne du pluriel du présent (nous) et de rajouter le suffixe -ant :

Nous buvons = en buvant
Nous prenons = en prenant

Les exceptions ne manquent pas à l'appel comme d'habitude :-)

Être = en étant
Avoir = en ayant
Dire = en disant
Savoir = en sachant...

Pour les verbes qui se terminent en -ger ou en -cer :

Nous commençons = en commençant
Nous mangeons = en mangeant

En comparaison, **le participe présent** se construit sans *en*. On peut souvent le remplacer par « qui + verbe » : *la voiture ayant un problème, restera plus longtemps au garage.*

29) La formation du conditionnel présent

je mangerais bien une glace…

Voici après l'indicatif présent, l'impératif présent, notre troisième mode ! La première idée qui nous vient généralement à l'esprit est de donner un exemple avec « si » pour mettre en avant l'hypothèse qu'induit le conditionnel.

Malheureusement il s'agirait d'un mauvais exemple ! La phrase avec « si » fonctionne de la sorte :

- Si + présent / futur (ou présent) = *s'il pleut, je resterai à la maison*

- Si + imparfait / conditionnel présent = *s'il faisait beau, j'irais me promener*

- Si + plus que parfait / conditionnel passé = *s'il avait été là, il aurait appris la bonne nouvelle*

Comme énoncé plus haut, le conditionnel en français est utilisé pour émettre une hypothèse, une possibilité, une incertitude mais aussi pour faire preuve de politesse.

Sa construction est très proche de celle du futur simple (voir chapitre 26). Ici encore une fois, il y a une petite astuce simple pour conjuguer ! En ce qui concerne les verbes réguliers, on prend le radical du verbe dont on enlève la terminaison -er, et on rajoute les terminaisons de l'imparfait :

Le verbe danser par exemple :

je danser**ais**	nous danser**ions**
tu danser**ais**	vous danser**iez**
il danser**ait**	ils danser**aient**

Comme énoncé dans le chapitre 26, le futur et le conditionnel utilisent les mêmes radicaux irréguliers !

Voici quelques exemples de verbes irréguliers :

Être : je serais
Avoir : j'aurais
Aller : j'irais
Venir : je viendrais
Voir : je verrais
Faire : je ferais…

Pour utiliser les phrases avec « si », rien de mieux qu'un petit jeu de rôle. Par exemple :

- Paul est au restaurant avec un(e) ami(e). Comme c'est son anniversaire, il veut l'inviter. Malheureusement, au moment de payer, il s'aperçoit qu'il a oublié son porte-monnaie… Si vous étiez Paul, que feriez-vous ?

30) La formation du conditionnel passé

j'aurais bien aimé…

Si le conditionnel présent n'a plus de secret pour vous, vous verrez que le conditionnel passé n'est pas difficile non plus ! Cette partie sera approfondie au niveau B1.

Il suffit de prendre l'auxiliaire *être* ou *avoir* au conditionnel présent et de rajouter le participe passé du verbe. Par exemple :
Je serais allé(e), j'aurais mangé…

Voici un autre exemple de jeu de rôle :

- Si vous aviez gagné un million d'euros à la loterie, qu'auriez-vous fait avec tout cet argent ?

31) Le discours rapporté au présent

il me dit que...

Le discours indirect au <u>présent</u> sert à rapporter des paroles. Heureusement il est relativement simple à expliquer... et à appliquer ! Voici les règles principales :

- Le temps utilisé dans la phrase directe est repris dans la phrase rapportée, contrairement au discours indirect au passé qui doit respecter une certaine concordance des temps.

- Une des difficulté est de ne pas oublier de modifier les pronoms personnels, les adjectifs possessifs, les marqueurs de temps ainsi que la conjugaison du verbe...

- La phrase affirmative est introduite par *que* :
*Marie dit : « j'ai faim ! » = Elle dit **qu'**elle a faim.*

- La phrase interrogative avec *est-ce que* ou sans pronom interrogatif est reliée par *si* :
*Paul demande : « tu as fait tes devoirs ? » = Paul demande **si** j'ai fait mes devoirs.*
Notons que *si* ne peut s'élider que devant le pronom *il*. Par exemple :
Il demande s'il fait beau et si elle veut faire une promenade.

- Le mot interrogatif de la phrase interrogative est repris dans la phrase rapportée :
*Marie demande : « Comment allez-vous ? » = Marie demande **comment** nous allons.*

- Les questions formées avec *qu'est-ce que* sont reprises par *ce que* :
*Paul demande : « Qu'est-ce que tu fais ? » = Paul demande **ce que** je fais.*

Voici une petite liste des marqueurs de temps qui changent au discours rapporté :

Aujourd'hui : ce jour-là
Hier : la veille
Demain : le lendemain
L'année prochaine : l'année suivante…

Remarquons pour terminer, que le discours indirect <u>au passé</u> est introduit par un temps du passé et doit respecter la concordance des temps. Par exemple :
Marie a dit *: « je suis allée en vacances » = Marie a dit qu'elle était allée en vacances.*

Le discours indirect au passé est généralement abordé au niveau B1, mais pour être préparé aux questions qui parfois dépassent le cadre du niveau, voici un petit récapitulatif de la concordance des temps :

- Le présent devient l'imparfait
- Le passé composé devient le plus que parfait
- Le futur devient le conditionnel présent

- Le futur antérieur devient le conditionnel passé
- L'impératif se forme avec de + infinitif
- Le conditionnel et l'imparfait sont repris.

32) Pistes pour le subjonctif

je ne pense pas que...

Voici le fameux subjonctif ! Un vrai défi à relever quand on ne maitrise pas les règles d'emploi ! Généralement, le subjonctif est abordé au niveau B1, mais comme je l'ai rencontré dans certains livres de niveau A2, je préfère vous présenter la base afin que vous puissiez être préparé au mieux.

Tout d'abord, parlons un peu conjugaison. Le subjonctif est un mode (pas un temps) et vient compléter les modes de l'indicatif, du conditionnel et de l'impératif. Il est généralement introduit par le mot **que**.

- Pour le former, (encore une astuce !) on utilise le radical de la troisième personne du pluriel du présent de l'indicatif (ils/elles) auquel on rajoute les terminaisons du subjonctif, semblables au terminaisons des verbes en -er au présent. Par exemple :

Finir = Ils finissent (présent de l'indicatif)
que je finiss**e**
que tu finiss**es**
qu'il finiss**e**
que nous finiss**ions**
que vous finiss**iez**
qu'ils finiss**ent**

- Les verbes, dont le radical est irrégulier au présent de l'indicatif, conservent leurs irrégularités :

Prendre :
que nous prenions
que vous preniez
qu'ils prennent

- Son emploi est sujet à beaucoup de règles diverses, c'est pourquoi au niveau A2 seulement quelques phrases seront abordées comme :

- Je **ne** pense/ trouve/ crois **pas** que + subjonctif
En comparaison : je pense/trouve/crois que + indicatif

- **Il faut que** + subjonctif

- Je **ne** suis **pas** sûr/certain que + subjonctif
En comparaison : je suis certain/sûr que + indicatif

Il y a aussi quelques verbes irréguliers :
Être = que je sois, sois, soit, soyons, soyez, soient
Avoir = que j'aie, aies, ai**t,** ayons, ayez, aient
Aller = que j'aille, ailles, aille, allions, alliez, aillent
Faire = que je fasse, fasses, fasse, fassions, fassiez, fassent
Savoir = que je sache, saches, sache, sachions, sachiez, sachent
Pouvoir = que je puisse, puisses, puisse, puissions, puissiez, puissent
Vouloir = que je veuille, veuilles, veuille, voulions, vouliez, veuillent

Voici un peu de place pour vos notes…

© Orianne Lefort, 2018

Editeur indépendant

Printed in Great Britain
by Amazon

85610174R00038